AMOR SEM FIM

Terezinha Fernandes

Produção Editorial, Revisão, Diagramação: Terezinha Fernandes (Nova Edição)

Produção Editorial, Revisão, Diagramação: Travassos Editora (1ª Edição)

Capa: Projeto Gráfico, Especial Book's Editoração Limitada.

Amor Sem Fim, Fernandes, Terezinha. Nova Edição 2020. Brasília – DF
Literatura Brasileira, Poesia. Nova Edição. 1. Título.

e-mail: terezinhaf.escritora.poeta@gmail.com
Instagram: @Terezinha2839
http://amazon.com/author/terezinhaf

CITAÇÃO

Traído Pela Escolha - Cinzas E Chama-1.- 2016,

_________AVIADOR- Por Todo Sempre-2. -2019/ Coletânea
Amores Intensos. Ficção-Romance – Literatura Brasileira.

PREFÁCIO

AMOR SEM FIM é baseado na magia do momento, implosão de sentimentos reais e imaginados; desejos contidos, busca do esperado no inesperado, encontros e desencontros, paixão! Amor! Sentimento Fraternal e Espiritual! É a junção de valores e conquistas, o contraste entre o contentamento e a dor, a singular procura da "Alma Afim."

ALMAS AFINS

Ainda te sinto em mim.
Como chama ardente em meu corpo!
E, todas as noites tuas mãos me afagam...
E pressinto tua boca na minha

Minha tez é um imã que atrai a tua,
Como se raio fosse.
E se fundem...

Sinto-me febril nas madrugadas frias!
E me transformo em labaredas...
Em chamas você me possui.
E em devaneios deliro.
Num infinito reencontro inconsciente e feliz...

Ainda te sinto em mim
depois de tanto tempo...
E secular, pareço-me louca!
Divagando num suspiro alucinado!
Buscando você...

VOCÊ EM MIM

No início foi uma explosão de sonhos
Foi como brincar de viver.
A emoção tomou posse do corpo e da alma
E unificados vivenciamos um grande amor.

Hoje com sua ausência enlouqueço
Percebo que morro lentamente,
Desfaço-me e refaço-me.

Grito! Num gesto sufocado...
E pergunto a todo instante
Onde foi que te perdi...

O MISTERIOSO MUNDO DO AMOR

O misterioso mundo do amor é:
Indescritível, inesgotável e cruel...
A utopia do amor se refaz como os dias...
Que nascem e morrem.

A ausência gera presença
E a presença se faz imperceptível.
O pensamento corre estrada afora
Buscando a metade secular
E a outra metade agora perdida
se vê a ermo...

Sensações se trocam e se tocam
Com o misterioso desejo
Oculto, dentro do grande
universo do raciocínio.

E, a primavera chega
Trazendo bom agouro,
Fores vivas e mortas refazem-se
No círculo vital in natura.

O misterioso mundo do amor é único, universal,
transcendental e infinito...
Almas afins se buscam.
Pessoas afins se separam.

Sonhos se quebram
Realidade se faz mulher!

O misterioso mundo do amor é assim:
Utópico e secular
Infinitamente humano
Irresistivelmente fugaz...

AMOR DE BORBOLETA

Procuro-me por caminhos sem fim
E me pego delirando!
Mas te busco com todo afã...
E então te vejo e suspiro,
num ar de satisfação.

E te olho detalhadamente,
com olhos de corpo e alma...
E sinto que perfeito me desconcerta;

A cada instante teu olhar me confunde
E sem saída te desejo e te refaço
Como se já o tivesse amado!

Inspiro o teu odor e
tenho ímpetos de beijá-lo...
Teus lábios parecem quentes
E, quanto mais se aproximam dos meus
Sinto o fogo ressecá-los,
que num ato suplicante
Pedem-te a saliva da vida!

Mas, você finge não entender e,
Apenas estimula meu corpo.
Que estremecido aproxima-se do teu...

A voz parece-me sumir
E, então, com afã nos sentidos
e palavras formais

Transcende minha alma...

Não entendo.
Olha-me, como se despir
fosse apenas o início...

Ah que tola timidez!
Se ao menos pudesse agir não falaria...
Atirava-me em teus braços
E, deixar-me-ia seduzir
Como menina se transformando em mulher!

MAIS

Inspirada te encontro
Nas noites de lua
No céu a candura
De um mundo sem fim...

E lanço um sorriso
Em tudo que digo
Sou mais que amiga!
Sou mais que afim...

PERCEBA-ME

Vou lhe contar um segredo:
Hei, olha, estou aqui
Lembra como tudo aconteceu?!
Ainda sinto o toque dos teus pés
nos meus...

E a brincadeira ficou séria demais
Perdemos a lucidez, quase investimos, mas...
Vivemos um amor de borboleta.
O sonho era real
E o real utópico...

CONTEMPLANDO VOCÊ

Ser feliz no meu
Modo de ver
É estar com você
É, te ver sorrir
Fazer-te dormir
E acordar com você.

O amor é assim
Infinito em seu ser
Translúcida poesia
Num terno prazer

AMIGO

Amizade se conquista
Dentro do coração
Como flor que germinada
Brota no verão.

Arco - Iris pedra luz!
E se guarda para sempre
Como ouro que reluz...
Amigo é pra se guardar

GABI

O amor e o sol são semelhantes
Nascem e se põem todos os dias.
E se mantém aquecidos em todos os momentos;
Mesmo nos dias de chuva ou inverno.
Estão sempre quentes...

O sol é a luz do amor.
E o amor caracteriza o sol!

Eu sou o amor.
E você é o meu sol.
Transformado em versos...

Translúcido como a vida
Vibrante e singular como a natureza,
Mas, inexplicável!
Como o misterioso "mundo Mãe".

Amo-te para sempre
Minha gatinha.

ESSÊNCIA

No tempo em que tudo surgia
Como um sonho
Você chegou.
Para sempre ficara na lembrança
Todos os planos
E você... Meu bem, não sei.
Sei que viverei em teus pensamentos.
O eterno está em nós...
E quando olhar o infinito
Estarei lá para navegar com você no
Firmamento.

PAI

O desejo é sublime
A palavra é amor
Como o sol que ilumina
É a vida numa flor...

Pai que nasce
Pai menino
Como um simples beija flor
És tão belo e querido
Que te digo
Para sempre
É amor...

PERSEVERAR

A vida é tudo!
Mesmo que a solidão me invada.
A vida é tudo!
Mesmo que o sonho acabe...
A vida é tudo! É luz divina.

FUGAZ

Do outro lado da rua.
Tu olhavas pra mim.
Invadiu-me a poesia.
E em pequenos traços
Fizemo-nos assim:

Corpo e alma.
Alma gêmea.
Flor do campo
Amor sem fim...
Cinco anos de alfazema
dois minutos
de jasmim,

Fomos puras adrenalina
Hoje, pequenas labaredas
Propiciando o fim...

SENTIDO CONTIDO

Estou perdida num vazio
E a solidão tomou posse de mim
Sinto-me a naufragar
Busco um porto seguro...
Não o vejo
Atiro-me ao mar...
Sou náufrago...
Na correnteza fria.

ABANDONO

Transmudei-me na brisa
E corri de norte a sul
Até chegar a sua casa...

Entrei na sala você não estava
Fui a outros aposentos
E nada, ali também não se encontrava
Então resolvi partir...

E de súbito, alguém abriu a porta... Era você
Cansado e distraído para sentir a brisa
que lhe acariciava
A face fria e úmida.

Notando-te indiferente
Deixei-te ao vento
Para ser feliz.

SALUTAR

As flores declamam com fulgor
Flui a poesia...
E o Universo abriga a alegria.

AUSÊNCIA

Quando o sol se põe
A natureza sorri contemplando
o dia que passou.
E o ciclo se refaz...

São ébrios os meus dias
No entanto, não provei um gole sequer.
Até quando me permitirei ao desencanto?
Onde foi que eu me perdi?

E cada vez, mais introspectiva...
Encontro-me, em meu momento mas difícil
Quando olho não contemplo
Quando vejo não sinto
Quando sinto me desfaço e me perco...

O pior é fazer alguém infeliz;
E isto é um fato.
Preciso partir de uma vez...

Quando o sol se põe sem brilho
A noite é fria e interminável
E o dia seguinte não acontece.

O DIA E A SOLIDÃO

O Dia nasceu sem esperança
Tentou brilhar no horizonte
Mas lá o sol esquecera-se de nascer:
Tentou brincar com as estrelas
Mas adormecidas não sentiram o teu olhar
Que sombrio estarrecia de medo-
Medo de um novo amanhecer
Que quisera ele encontrar...

A tarde aproximava-se quando
De repente, a brisa, cobriu-lhe o semblante ainda quente.
O mar ali ausente achava-se descoberto
e descrente...

Mas, subitamente surgira um brilho diferente
E a aurora boreal iminente
Transmudava aquele Dia
que de tão só não existia,
E nascera novamente com o brilho de MARIA!
O calor das labaredas
Que lhe aqueciam,
de quimeras poesias...

E assim iniciara o mais belo e sutil de todos:
O Dia em que esperança e amor entrelaçaram-se!
Então se despediu da solidão

E fez do coração a razão
E dá razão a emoção
Unicamente versos de vida.

O Dia agora nasce com fé!
E a luz divina lhe abre para sempre
Todas as suas portas para o Amor.
O Dia reencontrou JESUS que lhe Ressuscitou.

VIDAS

A primeira embarcação é como um sonho
De corpo e alma se viaja para o infinito,
Não há turbulência e nem enjoo;
Existe o encontro...

A ilusão termina, quando os ventos sopram ao contrário!
E a nau, naufraga...

A segunda nau é iminente
Saudável como a brisa
Incerta como as águas de março.
O sonho agora transmudado
É como a noite.

E ao amanhecer se aprecia o mar
Mas não se vê o porto seguro...

A brisa é tão fria!
Mas o sol chega como um cobertor...
A nau está ao relento... Ainda ao mar...
A esmo.

UTOPIA

Sim, ouço o soprar dos ventos
Em meio à noite fria...
Como se murmurassem em meus ouvidos!
Sinto calafrios que parecem
congelar-me as mãos...

Mas, dentro do corpo o espírito se aconchega
nos delírios da paixão.
Paro e penso como seria maravilhoso senti-lo
É, o que mais quero...

Me pego num universo a flutuar...
E olho o mundo tão pequenino, e creio
Poder segurá-lo com as mãos...

Quanto mais me aproximo parece
estar bem distante.

E introspectiva me desespero!
Então submersa, banho teu corpo ausente
em lágrimas de verão.

"Tardio momento esperado num mundo
desconhecido e inabitado."
-Vivê-lo intensamente?! Não sei...

Apenas libertar-me-ei no afã da euforia
E serei feliz...

Apenas libertar-me-ei no afã da euforia
E serei feliz...

ESTOU AQUI

Onde estais?
Tão longe e bem perto
Sinto sua presença
Confundo-me com as flores
Que desabrocham na época errada...

É, sou louca.
Por amá-lo desse jeito impetuoso!
Onde foi que me perdi de ti
E agora não consigo reencontrá-lo.

Quanto tempo falta
Preciso ver-te, tão somente
Necessito encontrá-lo.

Nossas almas entrelaçam-se!
Nosso odor perfuma a selva de pedra...
Quase únicos... Perfeitos no amor
E entregues ao destino
Que se incumbiu de separar-nos...

Onde foi que nos deixamos,
Quero inspira-te
E implodir no êxtase inesperado!

A um momento em que não vou esquecer;
É e sempre será o nosso instante
De paz e fulgor:

Em que nos fizemos um só
No perigo iminente
Quando não, mas importava-nos
o inesperado.

Ah! Aquele beijo voraz... Fervido...
Jamais provarei outro assim.
Beberei a essência desta paixão
Por toda a vida

Mesmo que, por ironia
tenha que descobrir
Em outros beijos
Que não te esqueci...

MEDO

Acho que enlouqueci.
Fui ao teu encontro
E paralisei...

Quase perdi os sentidos...
E suspirei.
Perdi a noção dos fatos
E por um lapso... Unidos no olhar...
Mas, em segundos voltei,
Voltei à razão...

Quis implodir, sei lá...
Então...
Você não soube disfarçar
E percebi o teu descontrole ao rever-me
Hoje sei, você não me esqueceu

HOJE

Olhei o passado e vi: não adianta...
Senti que tudo parecia um sonho
A ilusão chegou ao fim.
Como o sol se põe no horizonte.
E hoje introspectiva vejo-me no futuro
Um futuro promissor
Que reluz em mim
De forma natural...

PAIXÃO ADOLESCENTE

Teu olhar me alucina
São esses dois pontos azuis
Que reluz em meu coração.

E então, te observo e te sinto...
O pior é que me desfaço
Ao te ver desconcertado
Prisioneiro de um amor
Louco e desvairado!

Quem sabe um dia você...
Talvez um dia...
Até lá saiba, vou te "curtir"
Ao longe...
Desejando um dia te amar.

FALTA

Os pássaros fogem
Quando desabrigados,
Buscam alimento e seguem
Rumo ao sul
Onde o Calor e a vida
Unificam o amanhecer

DESEJO SUTIL

Sentir teus lábios
É como sentir o fogo...
É fogo que arde e não queima
E vai aquecendo...
E tudo em volta é só chama...
Sinto frio... Vem... Bem devagar
Beije-me e deslumbre na paixão!
Aqueça-me com lábios quentes
E úmidos
Para eternizar num sorriso
Com murmúrios ardentes
O entrelaçar de nossos corpos
No desejo sutil
De amar...

REALIDADE

E, no entanto quero sorrir
Quero chorar
E não desejo nada...
A vida me faz sonhar
Sentir, enfim... Acreditar
Em tudo ou quase tudo que almejo.
Mas a realidade fria
Abre-me a visão
Para a selva de pedra.

CHANCE

Quando me vi a sós com você
Percebi que poderia tocá-lo
Sem restrição,
Completamente sua...
A chama ardente sufocava-me

Pouco me deixei amar.
Ah! Se arrependimento matasse
Morreria de descontentamento.

Hoje bem perto
E tão longe do teu amor!
Sinto-me só...

Ainda denuncia no olhar o fascínio... A busca.
Mas hoje arredio te sinto, e me desconcerto
Não compreendo.
O destino me pregou uma peça;
A razão fugiu de mim...

QUERER

Procurei em Teus olhos um pouco de mim...
Num instante em que a vida me sorria
Vasculhei nas lembranças um rastro de luz
Como o sol que nasce e permanece
Num dia sem fim.

Fui buscar num vazio a essência do amor
Encontrei sofrimento, achei dissabor
E, no entanto, sonhava encontrar outro alguém
Que me fizesse sonhar...

Procurei em Meus olhos um pouco de ti,
Mergulhei na saudade
Que a ilusão afogou
Secular e distante, quando tudo mudou
Transmudando o carinho,
no meu corpo tão frio
Que divaga na dor.

FRENESI

Há momentos em que a vida me prega
uma surpresa.
E lá que encontro à saída...
Em segundos pertenço a outro mundo
Outra estória
Que só o íntimo vive.

Há momentos que o sonho renasce
Como a primavera
E pétalas se multiplicam
E forram a grama úmida pelo orvalho
Que divaga na lua cheia...

E sinto! A libido invadir-me a alma
Gritante de prazer...
Deleito-me no leito dos meus pensamentos
Que ensurdecidos divagam
na lembrança voraz!

E a vida passa,
E, num olhar perdido de paixão
Pressinto seu toque macio
Que acalenta minha alma
Perdida no orvalho da noite enluarada...

Há momentos que o inesperado

Consome toda energia
Na volúpia indescritível do amanhecer...
E após um instante vejo
Que estou aqui...
Sem você.

O VENTO FRIO

E o vento levou...
Todos os sonhos.
Ah! Saudosa lembrança que me faz chorar...
Esperei um momento de amor:
Olho para o horizonte
Idealizo o teu olhar.
Vejo o sol lembro-me de teu sorriso discreto
O brilho no olhar idêntico
Aos sonhos de verão
Em que fomos um só.
Ah! Quimera poesia
Vida minha...
E o vento o levou
Mas meu amor entrelaçado
ao teu permanece.
Vorazmente febril
E sei, que nesta virada
Iremos nos Reencontrar
E ainda assim faremos
O que não planejamos
Mas transmudamos
de tempos em tempos
Como chuva de verão

O amor que se completará
Enfim...
E o vento o trará
Desta vez para sempre.

CALOR PROIBIDO

Divago em pensamentos sem fim...
O coração em chamas
Sufoca-me em êxtase!
Sinto o pulsar de minhas veias
Na nostalgia eterna

Divago na essência de tua alma
Tão singela, Tão sutil...
E vagueio na lembrança
Suspirando-te...

Em devaneios percebo
A vida fluir.
Fazemos amor
Como se descobrir fosse apenas o início.
E envolver-se o fim.

Ah! Meu amor...
Se soubesse o quanto almejo
E grito no vazio!
O suspirar marcado

Pelo desafio que foi
E sempre será
Nós dois...

CARA A CARA

O tempo contribuiu para um reencontro febril...
Há momentos em que a vida
nos prepara um enigma
Que... O coração não consegue explicar.
É ora de viver o desconhecido
Sentir o novo
Correr a favor...
O tempo foi à chave
A porta agora aberta vigora
Com a paisagem descoberta
Acima dos ideais
Que sublime ultrapassa a brisa.

META

Siga sempre em frente, como o pássaro...
A beleza está na forma como se caminha.
Pois o caminho que se trilha
é sempre um recomeço...

MEU GRANDE AMOR

Tu sabes do meu carinho
E vibras com meu amor!
Mas, se entretece de mansinho
Quando te detendo do dissabor.

Quando mãe, dou-te conselhos
E amiga te sou ouvida
Tenha certeza Flor menina
Tu és toda a minha vida...

Quero minorar em teus ouvidos
A, mais doce das canções
Eternizar em teu sorriso
A felicidade do amanhecer
Que se refaz a cada dia
Com a essência do teu ser!

Tu és doce flor menina
É fiel divina luz
É tão grande pequenina!
Que nem sabes "flor menina"
Da beleza cristalina
Que até a dor seduz.

Eu Te Amo
E te amo, todo dia sem cessar
Minha doce flor divina
Tu és todo o meu olhar.

PAIXÃO

Ele chegou como o sol nascendo
E esperou a madrugada rasgar em meu peito!
Então me senti como um "cristal exposto a luz"
Preencheu meu coração
Entendeu minha razão
E, restaurou em minha alma
o fulgor, a alegria!
Reacendeu a chama
E me fez feliz.
Um dia ele se foi, nem sei para onde
Mas se foi...
E fez com que meu corpo todo estremecesse
Ao ver partir o ente amado
Que nem adeus soube dizer
E só me fez adormecer.
Agora grito! Grito!
Para expandir tudo que sinto!
Chego a clamar seu nome
E sussurrando num desvairo infinito
Clamo! Num suspiro Volta!
Volta pra mim
Porque eu simplesmente
TE AMO...

IDOLATRIA.

Amo-te na ausência...
Na presença
Em todo momento
Que sorrio e choro,
E tenho um grande consolo
De estar permanente ao teu lado
Em sonhos.

DESILUSÃO

Há quanto tempo
Que nem mesmo sei de você
Dos seus caminhos,
De sua vida ainda vivida
Em uma estrada estranha.

Quanto falta
Para acabar de vez
Com essa sensação de perda.

Há quanto tempo
Deixei de saber
Dos meus sentimentos
Para te esquecer...

CONFLITO

Vivo a contemplar a verdade,
Que, no entanto é poucamente dita...
"As pessoas" se omitem no amor,
nas palavras
E se trancam num vazio
Sem portas e nem janelas...
Sem corpos flutuam num espaço inexistente dentro de si.
Vagueiam pelas ruas asfaltadas e barrentas;
Falam sem ter boca e se prontificam a dar
"as mãos" mostrando os pés...
São muitas as forças fixas
na pessoa de cada um...
São muitas as dores que
circulam despercebidas,
É tristeza, alegria, beleza, fantasia,
magoa e traição!
É felicidade aparente, dor inconsequente.
Até mesmo algo sem explicação.
Lutar, para alcançar um objetivo,
Nem sempre, é guerrear com armas de fogo
Nem se arrastar pelos campos de batalha!
Perder não é sinônimo de fracasso,
Poder! "nem sempre" significa glória!
Sim, se revoltar é como
estrangular a natureza
Descer a escada da vida
ou subir na amplidão...

Ser bom não é aceitar (como num gesto de gentileza),
Mas sim, estar pronto para ajudar.
Sem nada pedir em troca.

São as águas dos rios rolando no mar...
São pedras partindo é promessa no ar,
É areia cobrindo orifício a se fechar...
São máquinas nas águas, no solo e no ar!
É a "Bomba de Nêutron" querendo matar,

É o amor nascendo, sol ascendendo, lua
crescendo, é a chuva caindo
Num rosto qualquer.
É a fome devorando toda razão!
É o desprazer acumulado no coração.
Olhando do alto numa ampla visão
Vê-se a Paz lutando sem armas na mão.
E os maus elementos,
Todos perdidos numa única razão
Devoram-se... Destroem-se
Sem ao menos ter um reflexo do que é bom.

A esperança existe
E sua fonte está transbordando sem parar
É felicidade constante
Para aqueles que sabem amar.
E que acreditam que tudo
De um modo geral
Vai melhorar.

ENCONTRO

Quanto ao brilho das estrelas
Não sei... Apenas sinto o meu amor
Reluzir na esfera global

DIVISÕES

Sei que ando indiferente
Causa disto meu desprazer.
De momentos desolados
Pensamentos desvairados
Consequência é o sofrer...

Sinto em mim tua presença
De ausente que tu és...
Tenho tido desavenças
Por palavras não escritas e nem ditas
Apenas sentidas no coração.

Sei que pertenço a tua vida
E tua vida e cheia de dissabor,
Por tristezas infundadas
Alegrias retardadas,
Sentimento de rancor.

Todos dizem que é anormal
Você distante... Eu além,
Mas não sabem o não comum
Que é estar presente e ausente
Nesta tensa solidão;
Que separa nossas vidas

Que destrói nosso amor
E navega neste rio
Naufragado por nós dois.

LUAL

Luar puro e sereno
Pele macia... Corpo moreno!
Meigo olhar que alucina
Sorriso infantil
Rosto que fascina!
Na madrugada que ilumina os corações.

Luar... Em meio à praia!
E, a sombra nos separa
E a claridade reluzente da lua
Ilumina nossos corpos...
Unindo nosso coração;
E refletindo em cada canto
O olhar que para você dediquei.
E deixando em todo espaço uma lembrança
De ternura e paz.

Luar que vigora
Numa noite cujo encanto
Envolveu-se com o pranto
E se desfez no mar

CÉU DE AMORES

Na aventura de um coração alado
Onde um sonho tentou realizar,
No desprazer de uma desventura
O nó da corda se desfez no ar.
E ao voar leve sem o peso da mentira
O coração triste, por estar só
Pôs-se a chorar...
Lágrimas estas desperdiçadas
Formando um rio de solidão
Num mundo perdido em algum lugar.
No passar do tempo.
Ao caminhar por uma estrada serena
Uma estrela começou a brilhar!
E a despertar naquela alma vazia
O prazer e a vontade de tentar.
-E, mais uma vez! E com, mas vigor!
O coração recuperou o seu brilho ardente
E começou a construir
Um novo céu de amor...
Já não era uma aventura inútil
E foi vivida com muita intensidade!
A ilusão tomou posse da mente
Junto ao sonho que se perdeu no tempo.
E o pouco se fez muito

E o muito se acabou
Naquele momento nada, mas esperava
O coração triste novamente voava
Ao encontro de um novo amor.

SOL

Surgiu feita claridade
Tornando a noite finita
Irradiando todo esplendor!
E fizeste brotar as sementes, mas rudes.
Vós destes à vida aos verdes
E ao mar toda beleza e bravura!
Iluminaste o céu tortuoso
Fertilizando todo solo
Como um berçário de frutos e flores.
E mesmo a escuridão
Que te invejavas
Não conseguiu findar-te!
Sutilmente fez-se dia
E no raiar da madrugada poesia
Tu és Sol! Magnífica criatura do criador!
Que nos alimenta
Neste Universo que é *Deus*.

AGRADECIMENTO

Saudade dor permanente
Desejo ausente
Fruta cor...
Saudade, dor que só a gente sente
Quando tem um grande amor...

ORVALHO

O tempo passa
E o meu amor permanece
Como gotas de orvalho
Que, em noites frias
Molha a relva...

O teu sorriso está
Para sempre em mim...
A tua voz soa
com o soprar dos ventos.
E parecem dizer-me coisas
Que não sei explicar,
Mas, com certeza sinto
Em meu corpo.

É como, se a nudez fosse
A mas pura poesia
E o orvalho, seus beijos
Molhando todo o meu ser,
Que deslumbrado se entrega
Gritante! No êxtase do amanhecer

FIM

É foi melhor assim
Não poderia ser de outro jeito
Eu tentei, mas não posso
Mas suportar essa situação.
Tudo está no fim...
Foi difícil chegar a esta conclusão,
Eu sei que você tentou
Mas não foi o bastante!
E agora, não consigo esquecer
Que fomos felizes outrora
E juramos não nos deixar.
E, sem ao menos dizer adeus
Abandonamos nosso sonho
Ignorando tudo que passou...
Fico melancólica quando penso
Que ontem foi um início feliz,
Hoje é o fim.

BUSCA

Vou tentando te encontrar
Em lugares tão pequenos
Não conseguindo te achar
Fico em silencio
E me afogo
Neste rio de dores.
E mesmo assim não desisto
E continuo a busca
Num mundo infinito e sem contentamento
E os meus passos, por
mas forçados são lentos
E começo a me cansar...
E novamente sigo... Sem saber se vou parar
Ou desviar os meus passos
Para jamais voltar.

QUEXUME

Ah! Se tu me deres todo desalento
Vai me causar tanto sofrimento
Que já nem sei se vou suportar.

Ah! Se meu amor
Para você não foi importante
Deves partir neste instante
E se esqueça de mim...

E se ao contrário me amas
Então perdoa minha queixa
E me faça crer em ti.

PRIMAVERA

Hei de ser o amor
A fluir numa flor
E desabrochar nos corações.

Hei de sintonizar com o meu perfume.
A essência da vida
Para cicatrizar cortes
Que viraram feridas.

Hei de ser toda esperança
Sem início... Meio e fim
E simbolizar o mistério
Que há em mim...

LEMBRANÇAS

Eu nunca me esqueci desse amor
Que num dia fez-se sol
E noutro anoiteceu
Com saudades de você...
Lembro-me dos lugares lindos
E palavras singelas que me afagavam
Das mãos que entrelaçadas
Suavam unidas
E me acariciavam...
Eu nunca mas esquecerei.
Você foi o meu primeiro amor.

METADE

Seja luz no meu olhar
Encaminha o meu desejo
No momento de sonhar.
Alma livre como o sol
Reluzindo no universo deste olhar...

Seja luz no meu olhar
Com velocidade raios luz
Na certeza de voar...

Chegue perto... Concretize
Alma gêmea o meu amar
Pois te espero há tantos séculos
Na certeza de ganhar
A metade que complete
O sorriso em meu olhar.

AMOR

O amor me deu a vida
E a vida brotou em meu coração.
O amor semeado nasceu
O ciclo segue seu curso...

Comecei a andar
Procurei o céu
Achei o mar mistificando o solo
Reluzindo o luar.

A vida presenteou-me com o amor
Que só uma mãe conhece
Quando em seu ventre carrega
A força à vida.

Você está em mim
Como o universo está para as estrelas.
Amo-te minha pequenina

NÁUFRAGO

Sinto-me perdida no vazio do teu olhar
Que manso navega em meu corpo
Invadindo-me a intimidade...

Sinto-me só com sua lembrança
E viajo sem destino;
Sou náufrago em meio ao mar
Estou à mercê da onda...

Ouço os pássaros em cântico suave
E sou levada pelas águas sem reagir...
Sinto-me perdida no vazio do teu coração
Que se compraz com a ambição.

Sei, um dia ao lembra-me
Sentirá solidão e se aforará em ternos desejos
Será como a noite em busca do amanhecer...
O calafrio tomará conta de ti
E no horizonte infinito perceberá
Que, não mas estou aqui
A lhe esperar...

DECLARAÇÃO

Quando te encontrei
Percebi o sol nascer novamente
Cri em um novo ideal.
Mas, senti-me como um pássaro
A sobrevoar o mar,
que mergulhava minha alma
E desaguando seus ternos mistérios...

Não entendi a expressão do luar
E parei... Perdida no tempo
Sem respostas...

A utopia tomou posse do meu ser
Que completamente absorto
Mergulhou no oceano escuro e frio...
Sem ao menos desvendar o enigma.
Hoje sei, não soube amar...

SENTIR

Meu coração é um poeta
Das manhãs ensolaradas
Iluminando as asas fascinantes
Da imaginação,

Meu coração crê
No domínio da constelação
Que transcende com vital sutileza
Da alma presente
Num eterno alvorecer.

CICLO DA VIDA

As flores declamam
Flui a poesia, e o universo
Abriga a alegria
A todo instante de luz!
Ora o sonho.
Ora a vida
E tudo reluz
Na essência do amor.

As flores bailam
E o dia resplandece
Vigorando em versos
De uma canção de ninar...

As flores crescem
O mundo se refaz
A vida toma seu rumo
E todos os dias completam
O ciclo da vida

BEM TE VI

Se pudesse seguiria com você
Em longos passos
Agarrando-me em teus abraços
Descansando o meu cansaço
Em teu terno adormecer.

Se pudesse provaria o amor
Que reconheço em teu olhar
Sem ter medo de voar...

Mas, quando me beija a boca
Roubando-me o suspiro!
Deliro sem medo de sonhar...
Bem te vi... No meu olhar

DISCURSO

Falo da poesia
De tudo que transborda o coração
Falo da essência, da palavra, da razão.
Falo nostalgia e não me canso da canção,
Sou a violeta que se refaz
Em cada estação.
Só o vento traz a emoção
Só o vento leva o coração.

Falo e não me calo
E se calo; ainda falo
De toda promessa, loucura
Do mar que estronda
Das ondas puras!
Da beleza pluvial, da grandeza Celestial!
Da paixão do bem ou do mal
Falo porque quando "falo"
Eu solto a voz na imensidão...

SOLIDÃO

Estou perdida num vazio
E a solidão tomou posse de mim
Sinto-me a naufragar
Busco um porto seguro... Não o vejo
Atiro-me ao mar...
Sou náufrago...
Na correnteza fria.

Lembro-me: No início foi,
uma explosão de sonhos
Foi como brincar de viver.
A emoção tomou posse do corpo e da alma
E unificados vivenciamos um grande amor.

Hoje com sua ausência enlouqueço
Percebo que morro lentamente,
Desfaço-me e refaço-me
Grito! Num gesto sufocado...
E pergunto-me a todo instante
Onde foi que te perdi...

JUNÇÃO DE SENTIMENTOS

Procurei te encontrar
Achei teu sorriso
Vi no teu olhar
Toda emoção...
Sonhei com você
Meu coração se exaltou
Bateu tão forte
Que quase sem respirar
Atirei-me em teus braços
E o amor se fez intensamente;
E quando despertei
Sabia que esteve aqui.

VAZIO

Sinto sua falta
A cada minuto...
E não entendo esta ausência.

Sinto o frescor da noite
Congelar em meu peito
E vejo-me no desalento...

Onde estais que não o vejo?!
Procuro-te ao relento
Desagasalhada e desconcertada
Como se o vazio tomasse conta de mim.

Sinto sua falta
E em vão vivo de quimeras lembranças
A cada minuto...

ETERNO AMOR

Ah... Se as flores falassem, diriam:
O meu amor por ti é infinito!
Ah, se o dia pudesse abrir sua janela
Mostraria a expressão do meu sorriso
E beijar-lhe-ia a boca ainda quente no leito.

Mas, o meu pensamento segue
com meu coração.
Abrasador e irrequieto
Buscando único e voraz
O teu corpo que me aquecia
Nas noites frias...

Ah, singela poesia.
Que outrora diria:
Vem agasalha-me o peito
Aconchega-me a alma
E faz de mim teu pensamento
Na hora do prazer!

SENTIMENTO

Quando o Sol nascer
Vou olhar em teus olhos e dizer:
Eu te amo

Quando o sol se puser
Vou olhar-te juntinho
E lhe falar de amor;

Mas, quando a chuva chegar,
Quero que sinta em meu peito
Um coração ardente! Esperando-te...

E, ao aconchegar-se
vou sussurrar em teus ouvidos
Coisas que jamais soube falar!
Então quando o Sol renascer saberá
O quanto é gostoso amar...

O PODER DA ORAÇÃO

Sentei-me um dia para rezar
Como se fizesse poesia
Olhei para o céu e me vi no mar...

Me, senti presa na solidão
Ao redor, a sensação arrepiava-me
O corpo a divagar em pensamentos...
Fechei os olhos e vagueei...

Com pensamento
Voltado ao firmamento
Orei... Orei,
E a vida renasceu.

Ah, percebi o coração de *Maria*.
Envolver-me a alma que mergulha num abismo sem fim;

Abri os olhos vi as mãos de Cristo
Esperando-me para levantar-me.
Nuvens rodeavam-me... Então adormeci...
Quando acordei senti o perfume das flores
Percebi o meu Anjinho da Guarda
Que ali velava por mim...

DESENCONTRO

A noite cai...
Trazendo você
E silenciosamente o luar resplandece.
As estrelas buscam o brilho do teu olhar
Que sombrio se omite na escuridão.

A noite é fria,
E o vento traz o teu odor... Que permanece.
E audaz me encarrego de buscá-lo
Sem medo de ser feliz...

Ah! Que ironia,
Nossos corpos transcendem
Interligando nosso coração
Sem hora de acabar...

Teu olhar evasivo
Busca o meu
Que perdido divaga nas estrelas

A noite finda
Mas, quando amanhece o dia
A vida continua a ermo
Sem você.

FASCÍNIO

Teus olhos são como
A brisa, o mar
Quando penetram nos meus
Faz-me delirar...

Como as nuvens que passa,
A mudança de clima,
Teus olhos dizem
Que não há rotina.

Vivo em teus pensamentos
Como o Sol a brilhar
Vives em mim
Quero-te tocar...

Os meus olhos nos teus
Os teus olhos nos meus
É eterna poesia
De a magia encantar;

E se faça utopia
Na eterna saudade
É que espero o retorno
Da volúpia do amar!

Quero ser o teu céu
Deves ser meu luar
Nesta noite que encanta
A beleza do mar...

PAI (OUTRA VIDA)

Pai, eu não tive tempo
Tempo para te "curtir..."
Dizer o quanto te amo!
Deitar no teu colo
E ouvir teus conselhos.

Mas tenho todo "tempo" do mundo
Para sonhar com teu sorriso
E sentir o teu amor...

Hoje muitas pessoas sorriem
Abraçando seus pais
Não choro... Entristeço-me
Meu coração adoece
Com a falta que você me faz;

Sei, um dia, estaremos juntos.
Desejo-te todo amor
Que posso sentir e viver
Que Deus te proteja, ilumine e te abençoe
Do outro lado da vida. Amo-te...

CREIO EM TI

Deus Pai Todo Poderoso...
Se, te encontro na ausência
Da presença em que se faz,
E que quando desavença
Tu me reges na essência
E me conduz a consciência
No eterno ser capaz...

E transmuda minha vida
Espantando o malquerer...
Vigorando em meu peito!
Reluzindo em meu viver!
E, no momento em que tropeço
Só Tu podes me valer...

Seja dia, ou, seja noite
Faça sol, ou faça chuva
Acolhida em teus braços
Sou deveras criatura,
Buscando a luz do teu ser!

Imbuída em pensamentos
Agradece-te a todo instante
Por ser sua escolhida;
E peço teu perdão
Por, às vezes, sucumbir nesta vida.

BEIJAR

O beijo acende o desejo
Da vontade do beijo de amar
Só quem sabe o sabor deste beijo
Da um toque na luz do luar

Vem do beijo o doce sabor
Do amor, da paixão e do mar
Só navega no mar das quimeras
Quem mergulha na fonte do amar

Só o beijo cria o som, da paixão no desejo
Melodia no acorde do ar
Na canção que se faz na doçura
Só quem beija, encanta o som no falar

Falo hoje do beijo ardente
Falei ontem do beijo sem ar
Hoje falo da ânsia do beijo
Pois eu vivo a canção do beijar.

DOCE BEIJAR

Quero beijar-te esta noite
Como quem beija o luar
Amanhecer em teus braços
Com mais sede de amar!

E na paixão do encontro
Extasiada de amor
Entrelaças-me no leito
Com mais sede e fulgor!

Quero beijar-te esta noite
Como quem beija o mar
Sentir o sal dos teus beijos
Adocicando o desejo
Adormecido no beijo
Que eu guardei pra te dar...
Eu nasci pra te amar.

AMOR DE VERÃO

Optei por te esquecer
Desejei não ter você
Preferi te perder
E deixar de te querer

Mas o tempo não passou
O coração estagnou
Eu preciso te rever
Eu só quero ter você.

No afã das emoções
Vi teu corpo junto ao meu
Lábios quentes de verão
E sussurros de paixão

Eu preciso te esquecer
Em outros braços
Com outro alguém
Pra deixar de me perder
Nos meus sonhos com você...

SOBRE A AUTORA

Terezinha de J. do N. Fernandes, nasceu em 11/03, no Município de Corumbá/MS, do signo de peixes com ascendente em escorpião, ama a Natureza, filha de Olegário Vieira Fernandes e Teresa do Nascimento Fernandes, escritora e poetiza, autora das Obras: Amor Sem Fim/Poesia, 1. Ed.2014/ Traído Pela Escolha/ Cinzas e Chamas, 1.-2016 – AVIADOR/ Por Todo Sempre 2.-2019(Coletânea: Amores Intensos-Romance), faz parte da 2º Coletânea de Contos e Poesias 2019/ Gaeb(Grupo Associado de Escritores de Brasileiros). Em 2018, participou da 4ª edição Bienal Brasil do livro e da literatura., realizada em agosto, no Centro de Convenções Ulysses Guimarães, Brasília/DF, foi prestigiada com a tarde de autógrafos de sua Obra:AMOR SEM FIM/Poesia. Atuou como "um dos palestrantes" no evento de conclusão do trabalho de literatura infantil, no incentivo à novos escritores, ministrado pela Pedagoga Profª Virgínea, da Faculdade Anhanguera/Águas Claras/DF. - Em junho 2019 atuou na 35ª Feira do Livro de Brasília/FeLiB, no Complexo Cultural da República-Brasília/DF, que ganhou o nome de "Cidade da Leitura. (G1.Globo.com)." A escritora viveu sua infância na Cidade de Ladário/MS, apesar de estar distante de sua Cidade Natal a escritora mantém vivas as lembranças de sua infância.